1週間
でみるみるうまくなる!

［新装版］

子どもの文字練習帳

書家
高田由紀子

彩図社

はじめに

きれいな字への近道を行こう

きれいな字を書けるようになるには、どうすればいいのでしょう？

「たくさん字を書く練習が必要」
「書いた字を先生に見てもらい、悪いところを直してもらう」

どちらも正解です。
でも、全部の字をたくさん練習するのはとても大変だし、先生に見てもらえないこともあります。そんな時にはどうすればいいのでしょう。

一番の答えは、**きれいな字を書くためのルール**を知ることです。
きれいな字を書くためには、**大事なルールが７つ**あります。
そのルールはどんな字を書く時にもかならず使えるので、身につけることができれば、同じ字を何百回も練習しなくても、自然ときれいな字が書けるようになります。
「きれいな字」への近道を、ぜひこの本で覚えてください。

「きれいな字」とはどんな字かが分かるようになる

字がうまくなるための近道は、**まず上手な字をまねる**ところから始まります。
はじめは、お手本の字をゆっくりなぞってみましょう。なぞることで、**手にルールを覚えさせます**。手がルールを覚えたら、次は白いマス目に書いてみます。
はじめのうちは、うまくいかないかもしれません。
そんなときは「なんだかヘン」な字を見て、どこがヘンなのか考えてみてください。どこがヘンなのかがわかったら、**「きれいな字」とはどんな字なのか**もわかってくるはずです。

ルール通りに字が書けるようになったら、いろんな字を書いてみましょう。たくさんの字でルールが使えることがわかります。

そうして、７つのルールを覚えてください。

できれば１日にひとつずつ、１週間でゆっくり進めるのがいいでしょう。すばやくルールを覚えられるのなら１日で終えてしまってもかまいませんが、ひとつひとつのルールを忘れないようにしてください。

文字についてなやむことがなくなる！

ひとつひとつの字がきれいに書けるようになったら、こんどは文章を書いてみましょう。文章は文字の集合体ですが、文字の大きさや並べかたがばらばらだと、せっかく覚えた７つのルールが生かされず、読みにくくなってしまいます。

そこで 50 ページからは、きれいな文章を書く練習をします。ここまでできれば、**もう文字についてなやむことはなくなります。**

一生使えるすごいコツ

どんな字にも使える「きれいな字のコツ」を子どものうちに身につければ、大人になってもこまりません。

一生、きれいな字を書き続けることができます。

さあ、きれいな字への第一歩をふみだしてみましょう！

もくじ

きれいな字を書くための７つのルール

ルール１・ヨコ線は右上がりに書こう……………… 6

ルール２・タテ線はまっすぐにおろして書こう…… 12

ルール３・同じくらいすきまをあけて書こう……… 18

ルール４・はね・はらいは大げさに書こう………… 24

ルール５・とめる所はしっかりとめて書こう……… 30

ルール６・丸い字は特に丸く書こう……………… 36

ルール７・真ん中にクシをさしたように書こう…… 42

きれいな文章を書く練習をしよう

文章も真ん中にクシをさしたように書こう………… 50

この本の使い方

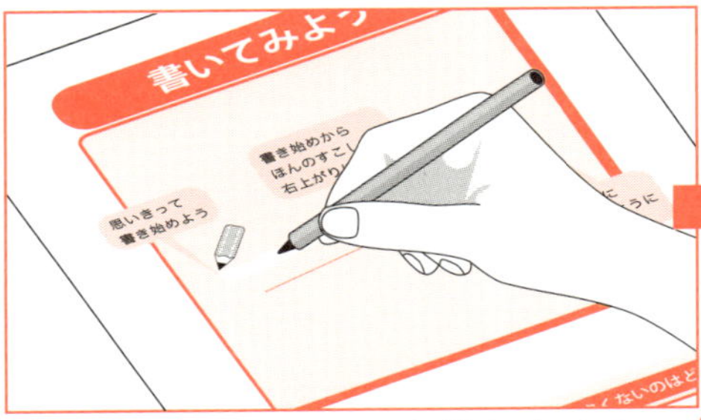

①なぞって手にルールを覚えさせる

②どんな字が「きれいな字」なのかを知る

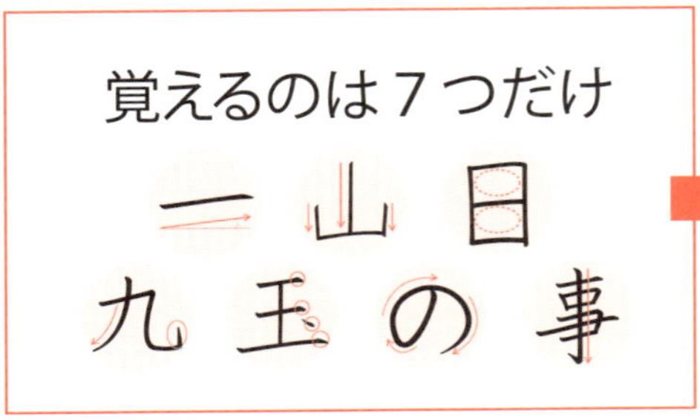

③７つのルールを覚える

④きれいな字や文章を書けるようになる

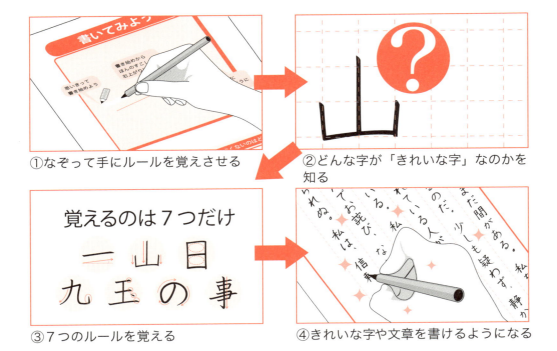

きれいな字を書くための７つのルール

字の書きかたには、「こうするときれいな字に見える」というルールが７つあります。
この７つのルールは、どんな字にも使うことができます。
ルールに合わせて書いていけば、いつのまにかきれいな字が書けるようになります。

きれいな字のルール①

このルールでマスターできるのは…

「一」

「二」「三」など

ヨコ線は右上がりに書こう

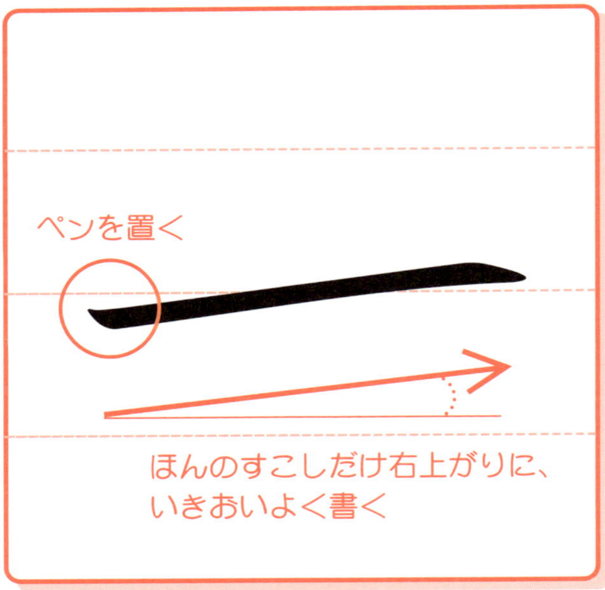
ペンを置く
ほんのすこしだけ右上がりに、
いきおいよく書く

まずはいきおいをつけて
右上がりに
書いてみましょう

ヨコ線を書くときは、ほんのすこしだけ右上がりに書きましょう。「まっすぐ書いたほうがきれいにみえるんじゃないの？」と思う人もいるかもしれませんが、ものさしを使わずに手だけでまっすぐ書くのは難しいです。

自分ではまっすぐ書いているつもりでも、自分のうでにひっぱられて右下がりになってしまい、字全体のバランスが悪くなります。急な角度にしなくてもいいので、ほんのすこしだけ右上がりに書いてみてください。

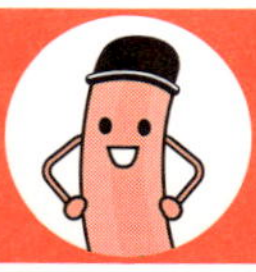

書いてみよう

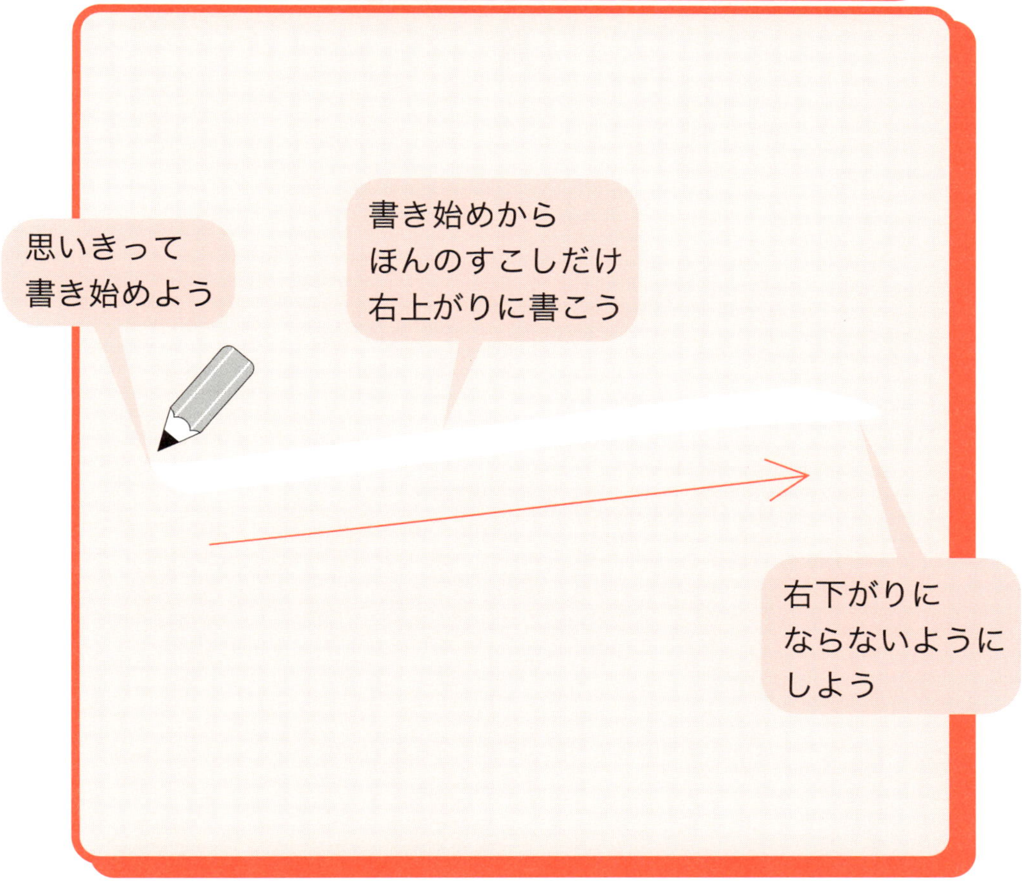

なんだかヘン…良くないのはどこ？

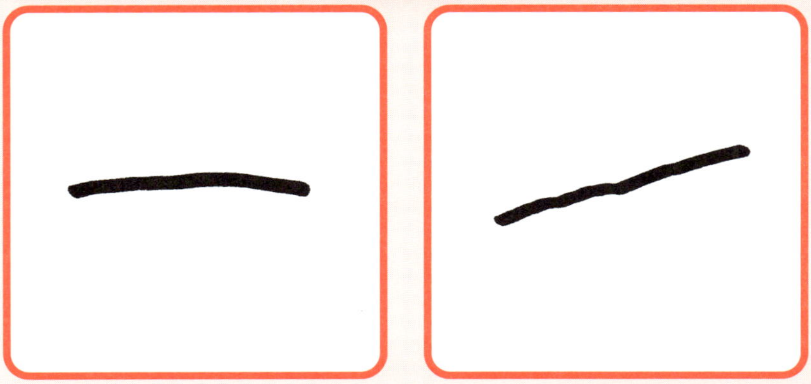

答えは次のページ→

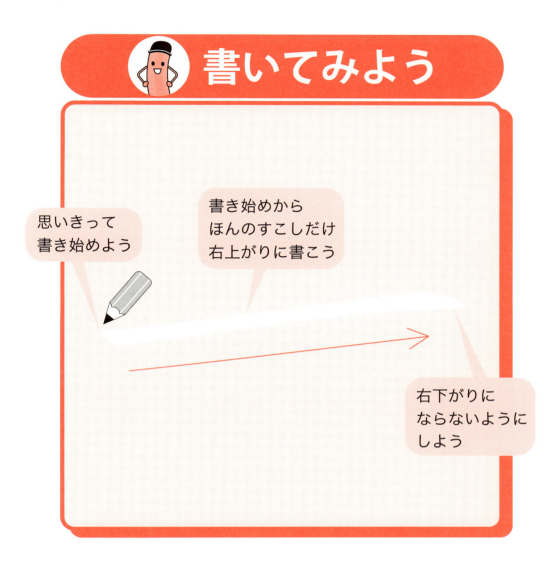

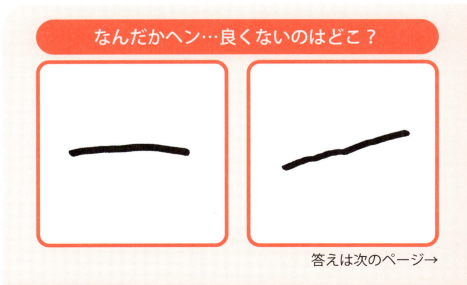

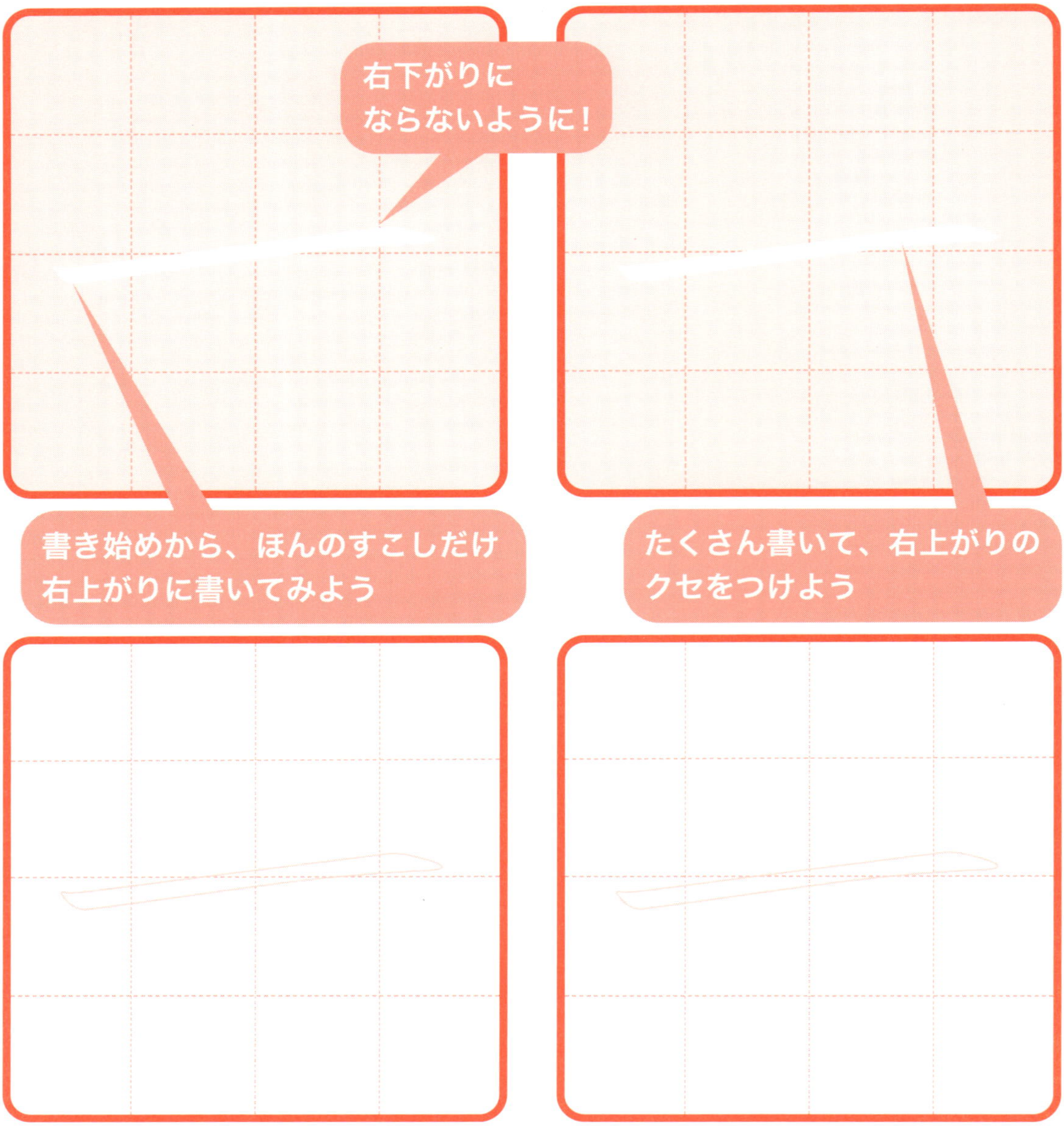

前のページの字、ここが良くない

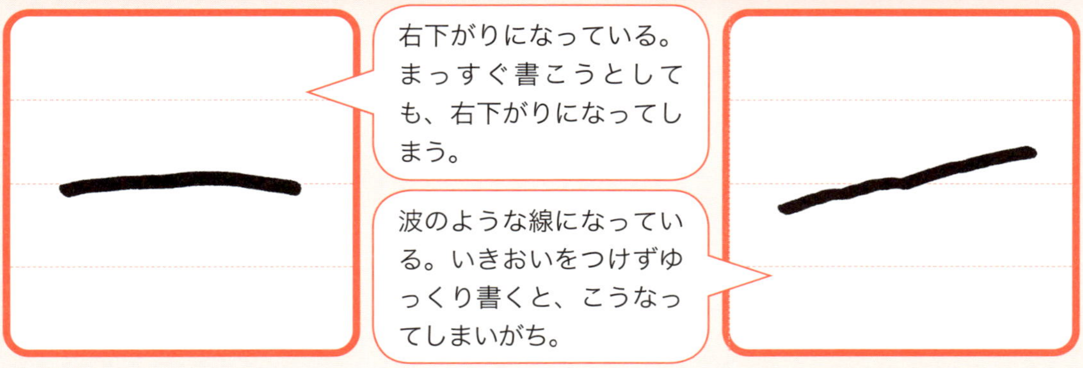

右下がりになっている。まっすぐ書こうとしても、右下がりになってしまう。

波のような線になっている。いきおいをつけずゆっくり書くと、こうなってしまいがち。

「一」をたくさん書いてみよう

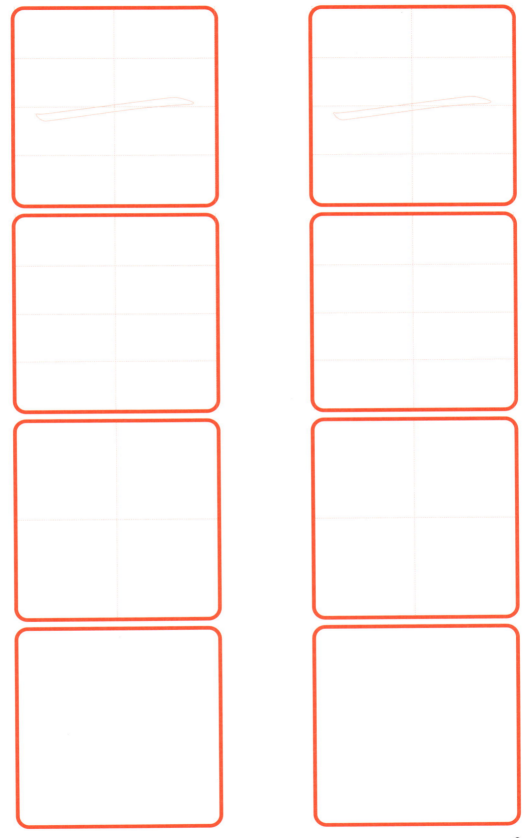

いろんな字を書いてみよう

一	二	三
一	二	三

☆ポイント☆

「右上がりがいい」といっても、右に上がりすぎると逆に字のバランスがおかしくなります。ポイントは、まっすぐよりほんのすこしだけ右上がりに書くことです。

うまく書けない場合は人差し指の方向に向けて書いてみて！

いろんな字を書いてみよう

工	主	言
工	主	言

……まとめ……

ヨコ線はいきおいよく、すこし右上がりになるように書こう

きれいな字のルール②

タテ線はまっすぐにおろして書こう

このルールでマスターできるのは…

「山」

「十」「正」など

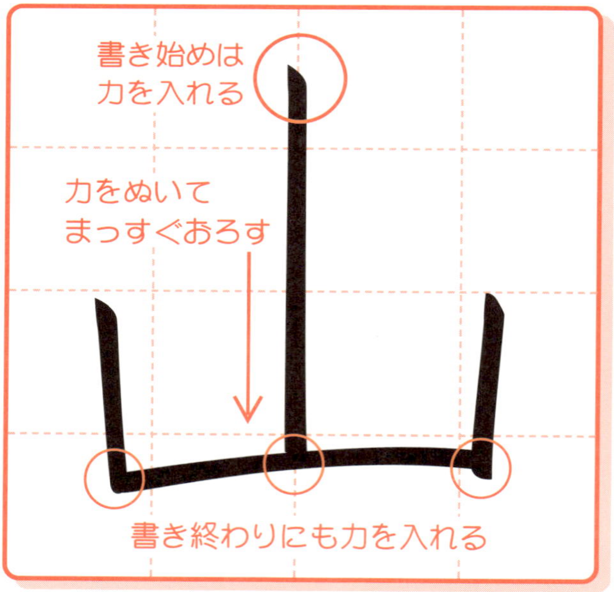
書き始めは
力を入れる
力をぬいて
まっすぐおろす
書き終わりにも力を入れる

ずっと力を入れ続けると線がまがるので、始めと終わりだけ力を入れて、あとはリラックス！

ヨコ線はすこしだけ右上がりに書きましたが、文字のタテ線は、まっすぐ書けば書くほどきれいな字に見えます。

力を入れすぎると線はそりかえってしまい、力を入れないと波のような弱い線になり、まっすぐ書けません。書き始めと書き終わりだけ力を入れて書き、あとは力をぬいて書くことができれば、まっすぐな線が書けるようになります。お手本にそってゆっくり練習をしていきましょう。

書いてみよう

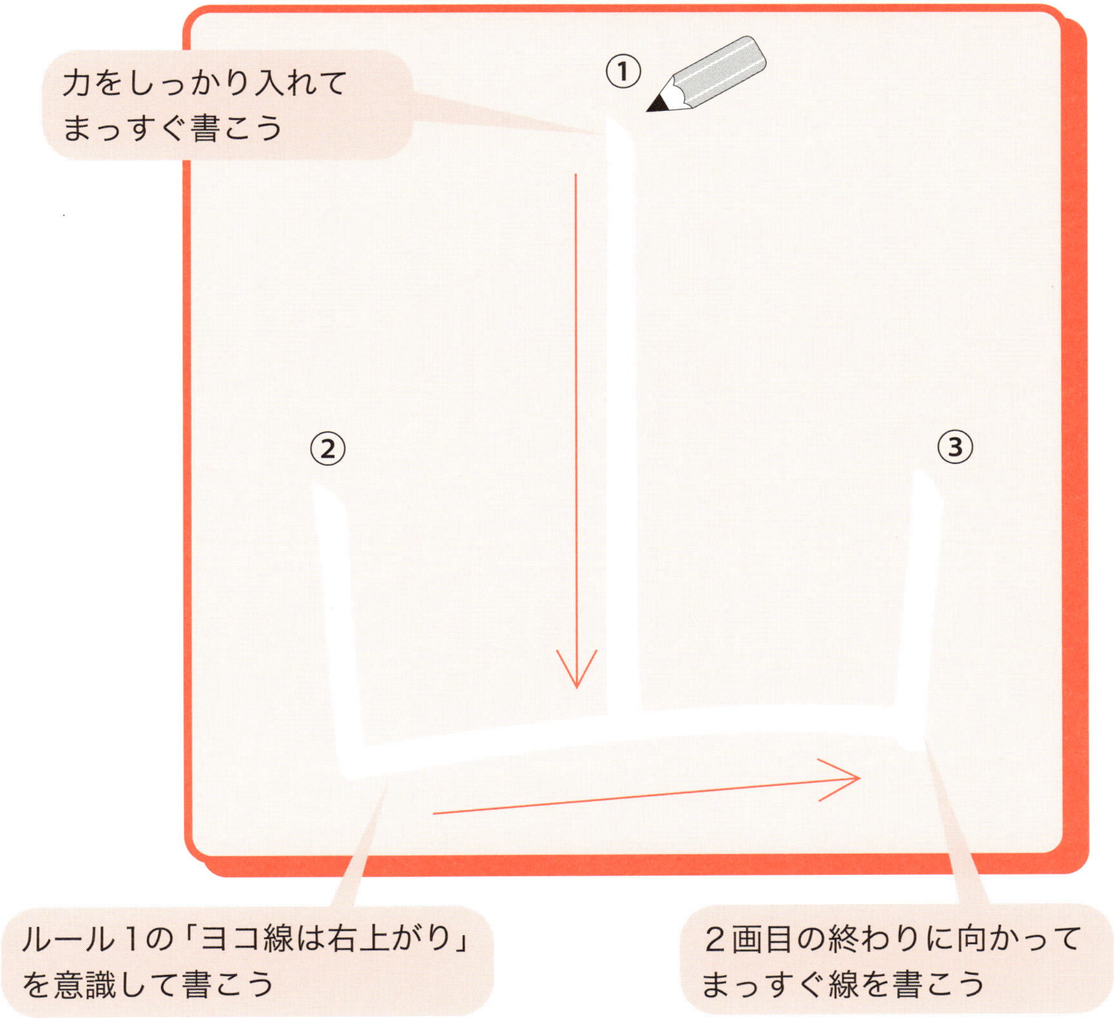
①
②
③
力をしっかり入れて
まっすぐ書こう
ルール１の「ヨコ線は右上がり」
を意識して書こう
２画目の終わりに向かって
まっすぐ線を書こう

なんだかヘン…良くないのはどこ？

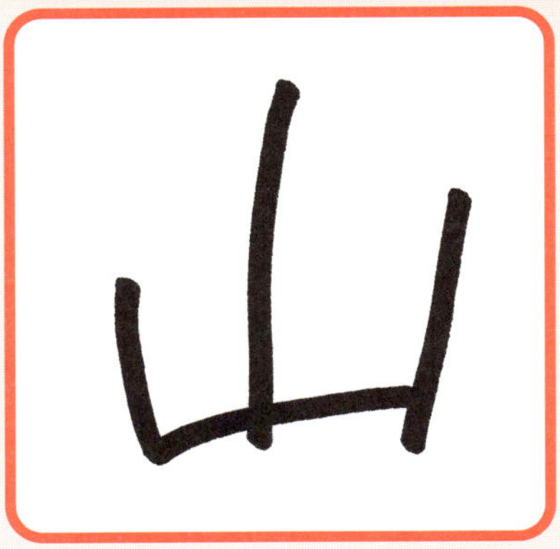

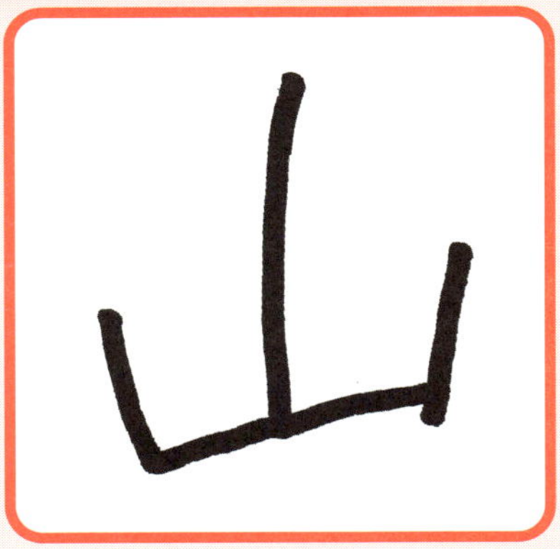

答えは次のページ→

ルール② タテ線はまっすぐにおろして書こう

書き始めと書き終わりだけ力を入れて、すっと下に線を引く

タテ線で力を入れすぎるとそった線になってしまうので注意！

前のページの字、ここが良くない

真ん中のタテ線がまっすぐでない。ここをまっすぐにしないと、字全体がななめに見える。

力の入れすぎで真ん中の線がそってしまった。力を入れるのは、最初と最後だけ。

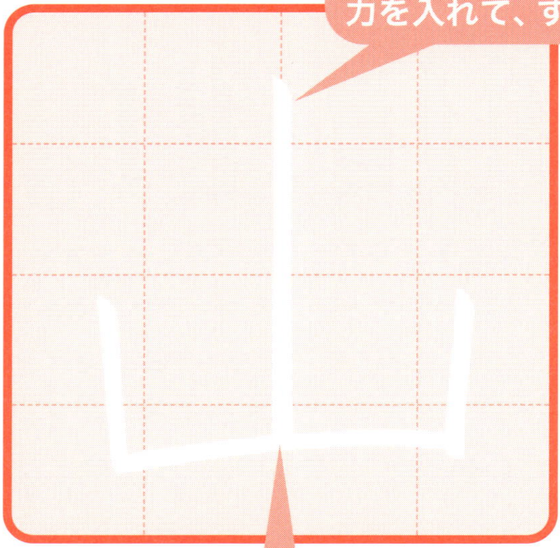

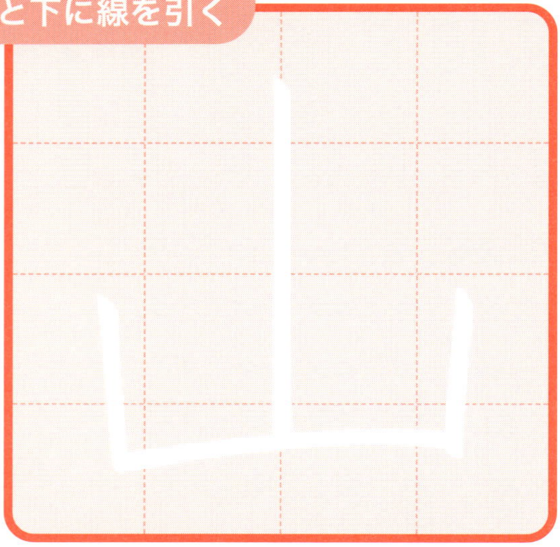

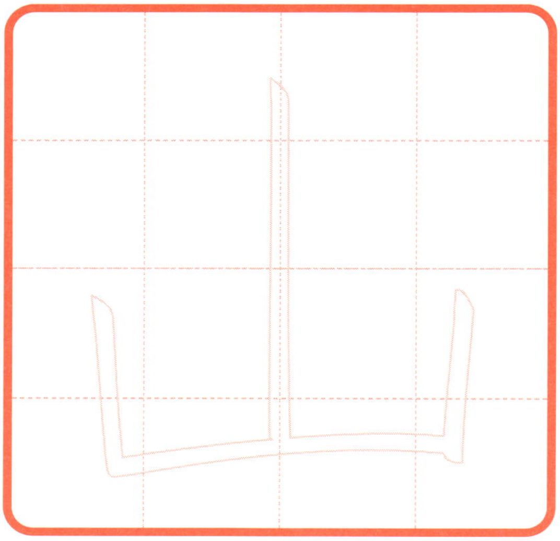

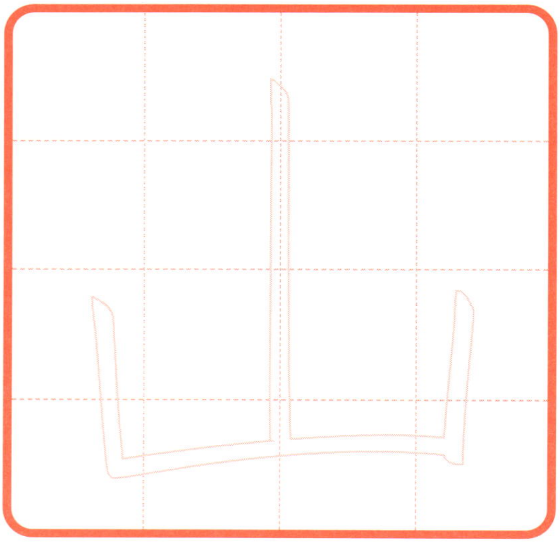

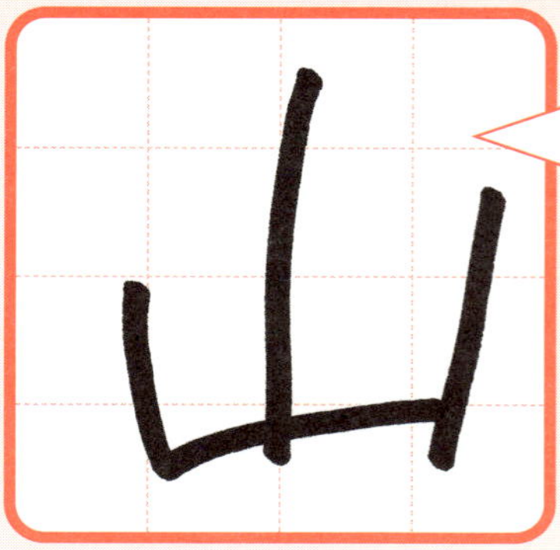

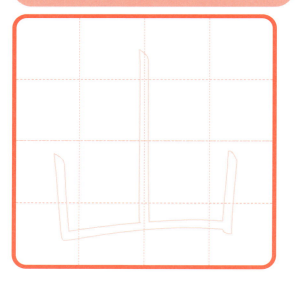

「山」をたくさん書いてみよう

いろんな字を書いてみよう

☆**ポイント**☆

真ん中のタテ線をしっかり書くと文字がしっかりして、字が落ちつきます。うで全体を使ってまっすぐなタテ線が書けるようになれば、もうこのルールはマスターしたも同然です。

うでを下に引くようにするとうまく書けるよ！

いろんな字を書いてみよう

出 正 林

……まとめ……

タテ線はうで全体を使って、
まっすぐに書こう

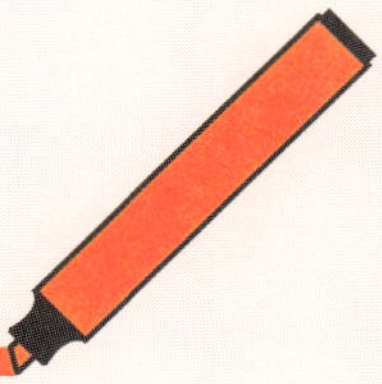

きれいな字のルール③

同じくらいすきまをあけて書こう

このルールでマスターできるのは…

「日」

田・言など

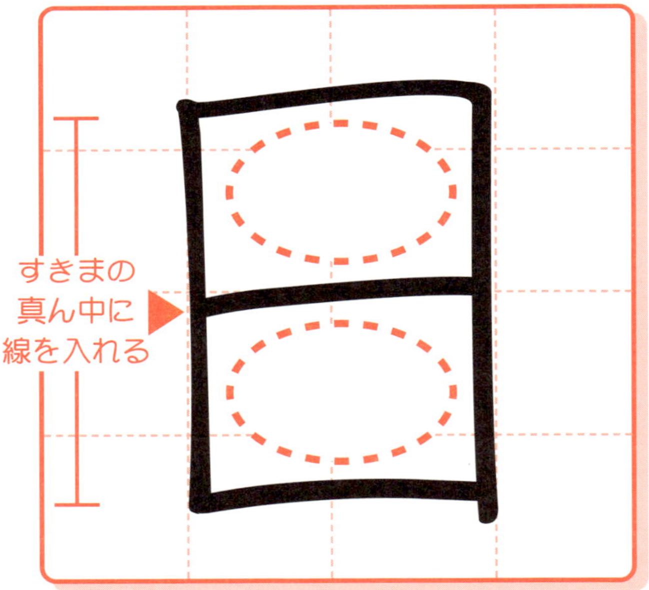
すきまの
真ん中に
線を入れる

線と線の間にある
すきまを同じにすれば
きれいな字に見えるよ

「日」や「田」などの字は、線を書くことで字の中に何個もすきまができます。ルール３では、そのすきま部分をすべて同じ大きさに書く練習をしていきます。ルール１と２で習ったように、ヨコ線は右上に、タテ線はまっすぐに書いていきます。そして、すきまを同じ大きさになるように書いてみましょう。字のすきまがすべて同じ大きさになるとバランスがとれて、くせのないきれいな字になります。

書いてみよう

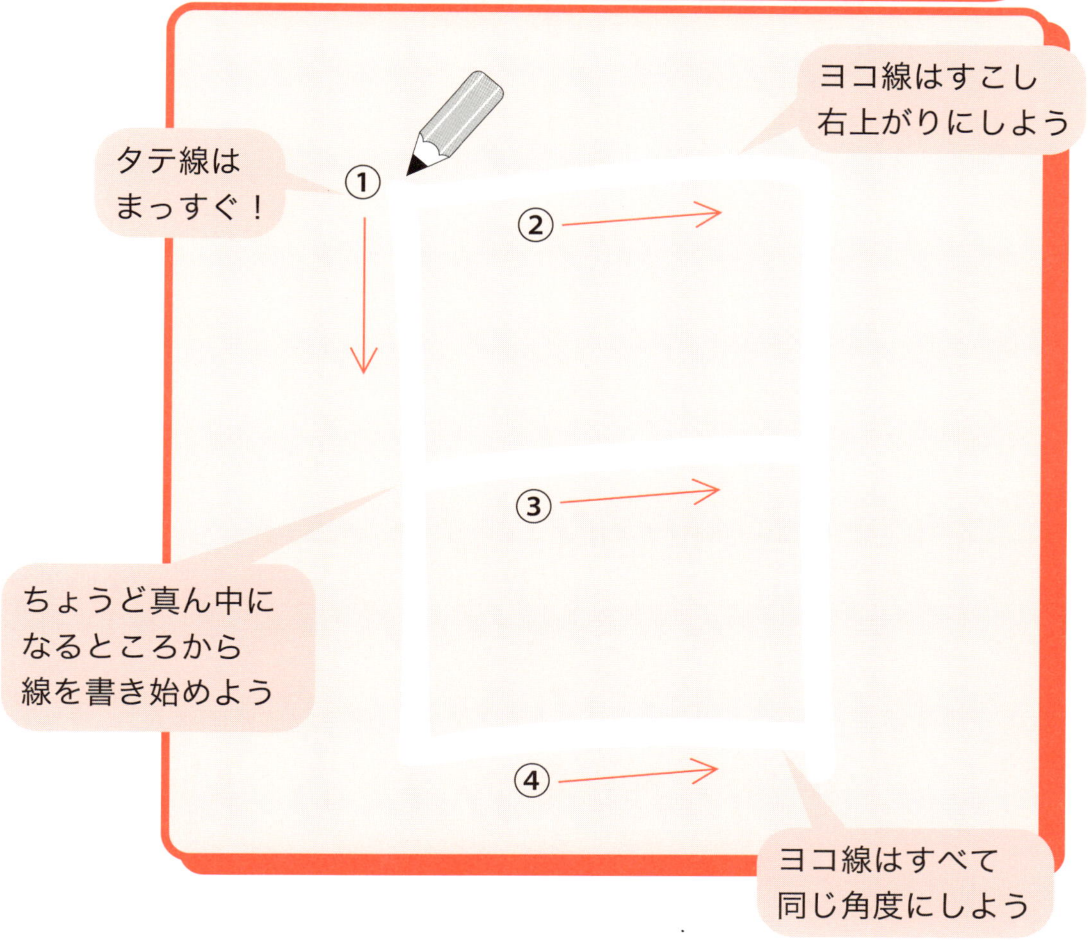

なんだかヘン…良くないのはどこ？

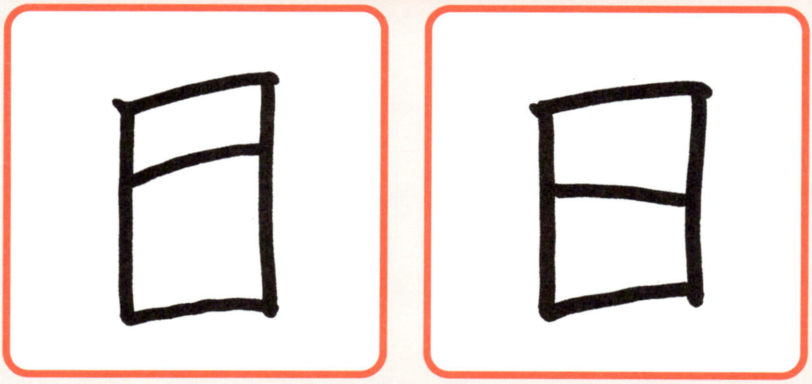

答えは次のページ→

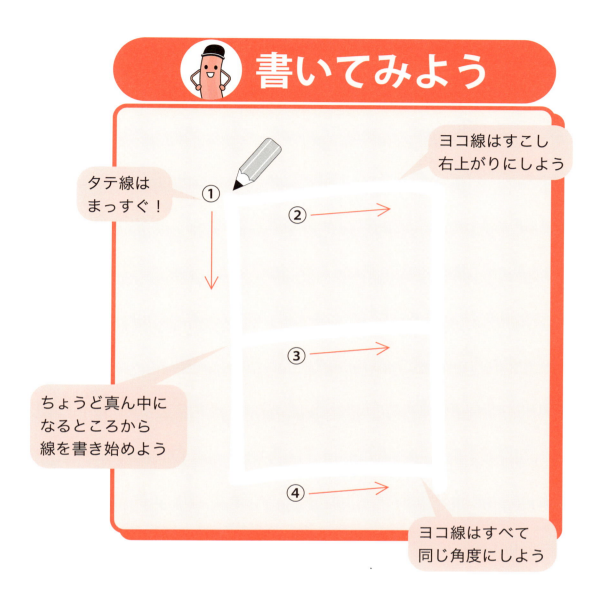

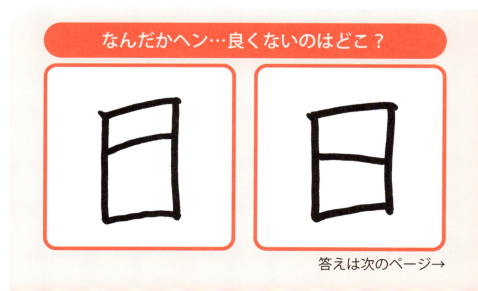

ルール③ 同じくらいすきまをあけて書こう

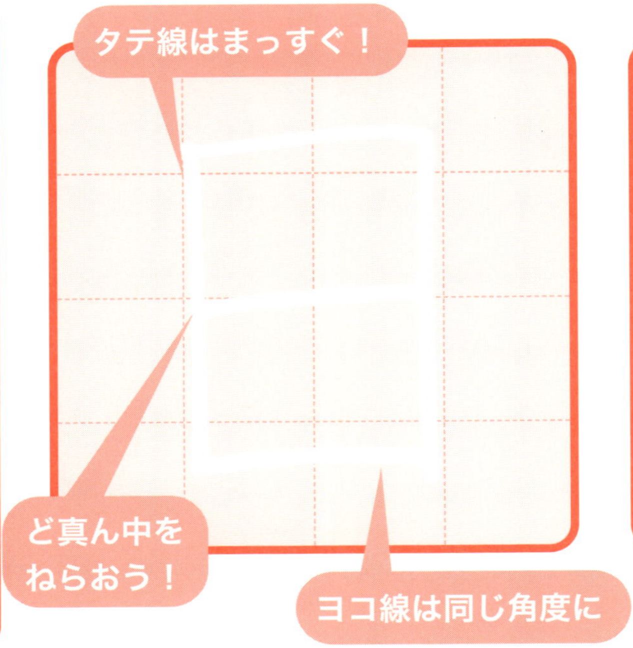
タテ線はまっすぐ！
ど真ん中を
ねらおう！
ヨコ線は同じ角度に

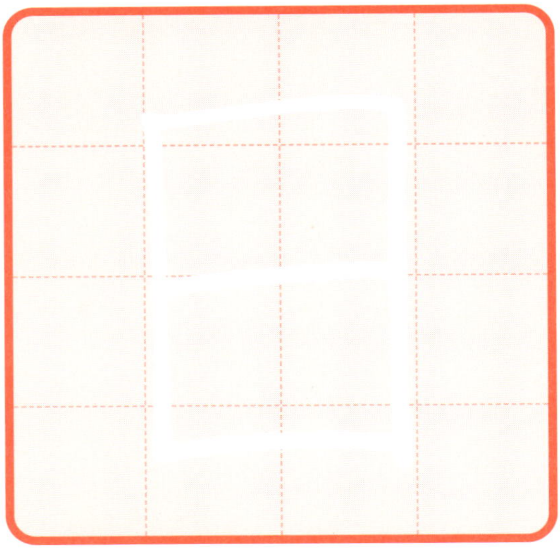

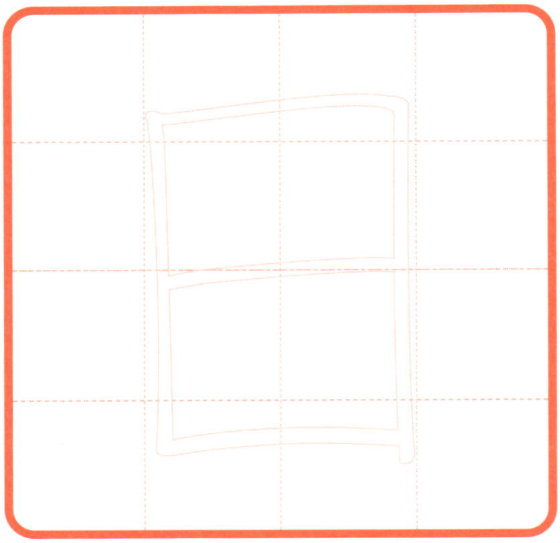

前のページの字、ここが良くない

ヨコ線が上の方にある。ヨコ線は中心に書かないと、すきまの大きさがバラバラになってしまう。

ヨコ線の角度がちがうと、すきまの大きさがそろわず、きれいな字に見えない。

「日」をたくさん書いてみよう

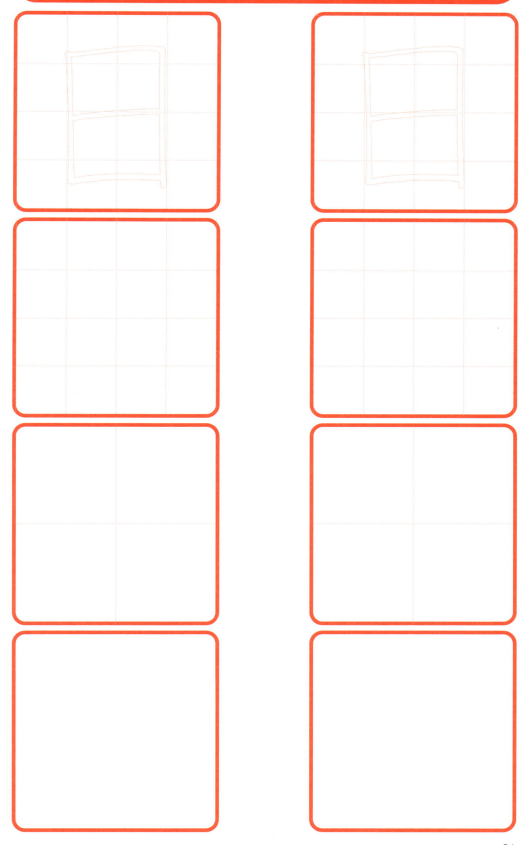

いろんな字を書いてみよう

目　田　皿

目　田　皿

☆ポイント☆

2等分と3等分を練習すればうまく書けるよ

字の画数が多くなってくると、
バランスがとりづらくなってきます。
「皿」や「目」のようにすきまを3等分するときは、ひとつめのすきまをあまり広くとりすぎないようにしましょう。

いろんな字を書いてみよう

直　冊　曲

……まとめ……

すきまが同じくらいになるように
ヨコ線は同じ角度で書こう

きれいな字のルール④

はね・はらいは大げさに書こう

このルールでマスターできるのは…

「九」

刀・布など

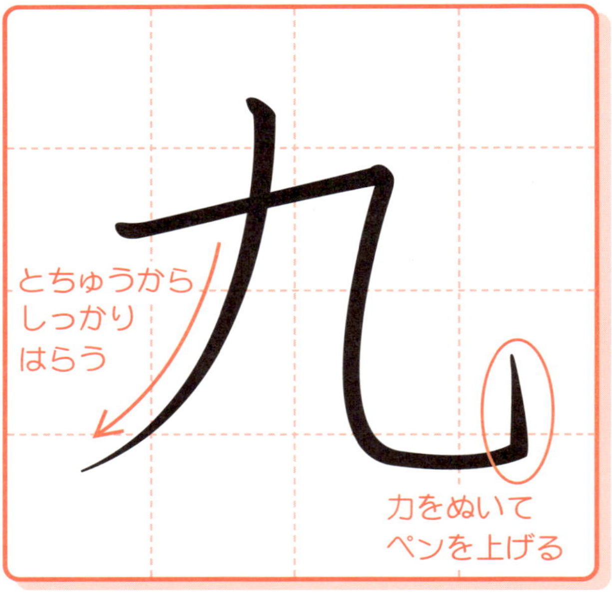
九
とちゅうから
しっかり
はらう
力をぬいて
ペンを上げる

大げさに書くコツは、いきおいをつけて書くこと！

４つめのルールは、はねとはらいを大げさに書くことです。

いままでは落ちついて正確に線を書く練習をしてきましたが、はねやはらいをおおげさに書くと、字にいきおいが出てバランスがよくなるので、重要なポイントです。はねやはらいが小さかったり丸すぎたりしてしまうと、字にメリハリがなくなり、くせのある字に見えてしまいます。「すこし大げさかな？」というくらい大げさにしたほうが字がきれいに見えます。

書いてみよう

タテ線を書いて、
とちゅうからしっかり
はらおう

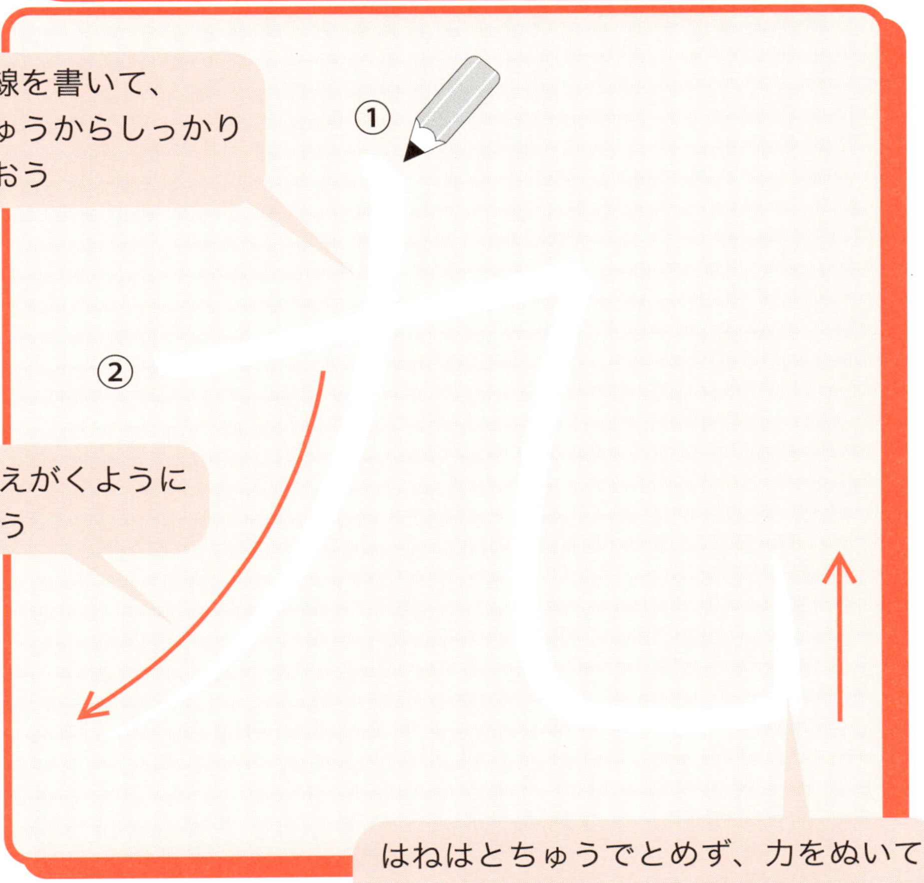

大きな丸をえがくように
書いてみよう

はねはとちゅうでとめず、力をぬいて
ペンを上げるようにしてはねる

なんだかヘン…良くないのはどこ？

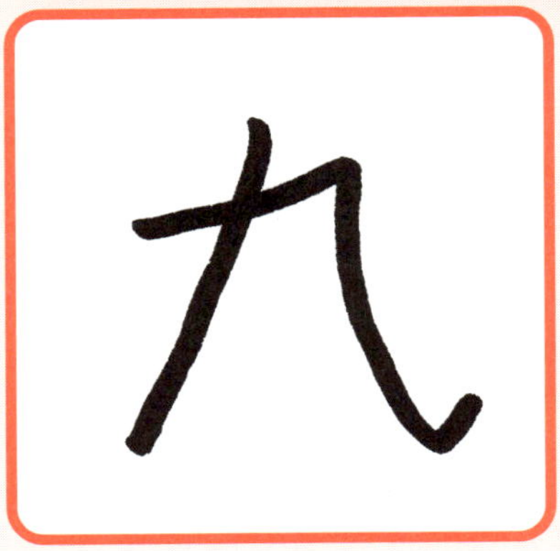

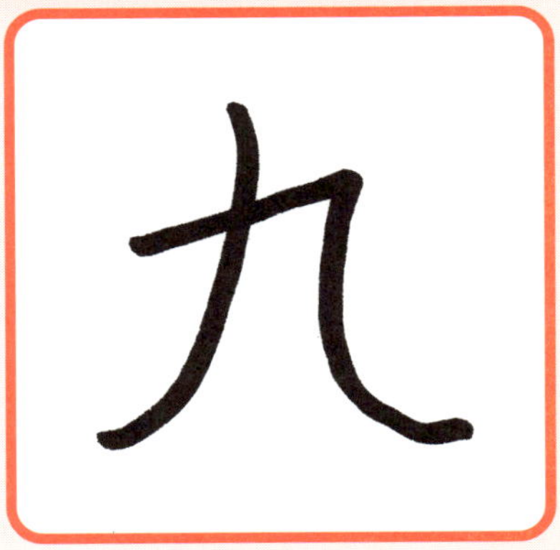

答えは次のページ→

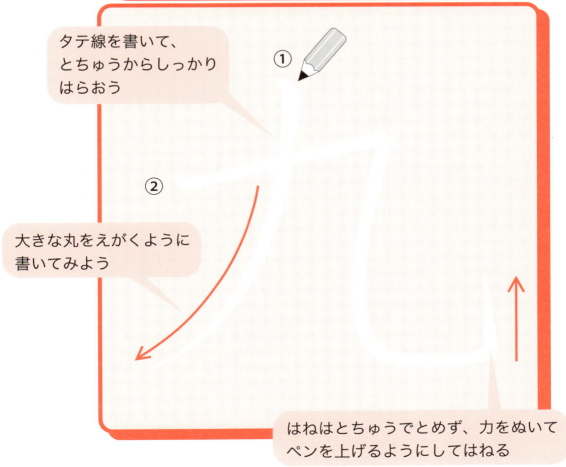

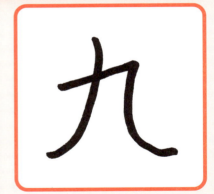

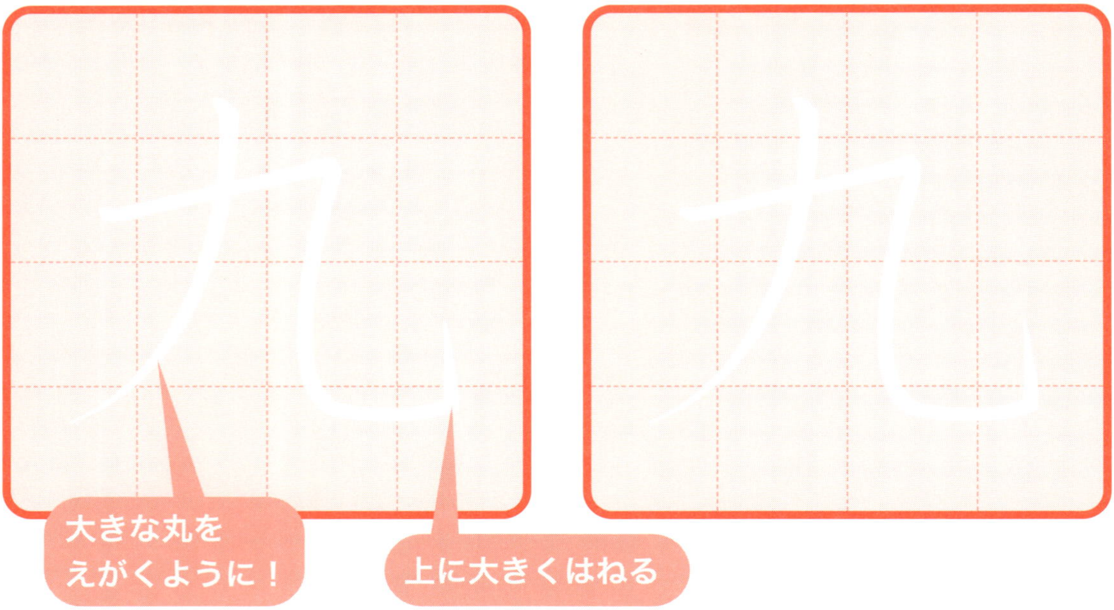
大きな丸を
えがくように！
上に大きくはねる

前のページの字、ここが良くない

はらいやはねが弱いため、字にいきおいがなく、バランスが悪い字になってしまっている。

丸文字のようなくせ字になっている。しっかりはねないとこのような字になりがち。

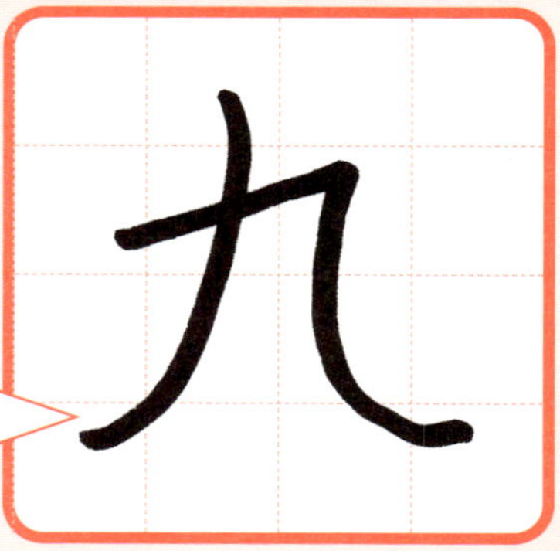

「九」をたくさん書いてみよう

いろんな字を書いてみよう

力	布	必
力	布	必

☆**ポイント**☆

はねやはらいは、中途半端に書くと字のバランスが悪くなります。
はねはしっかり力を入れたあと力をぬき、はらいは大きな丸をえがくように書いてみればうまくかけるようになります。

はねは力強く、はらいは大きな丸を書くように！

いろんな字を書いてみよう

友	火	風
友	火	風

……まとめ……

はねとはらいは、ワクのぎりぎりまで使って大げさに書こう

きれいな字のルール⑤

とめる所は しっかりとめて 書こう

このルールで
マスター
できるのは…
「玉」
「主」「母」など

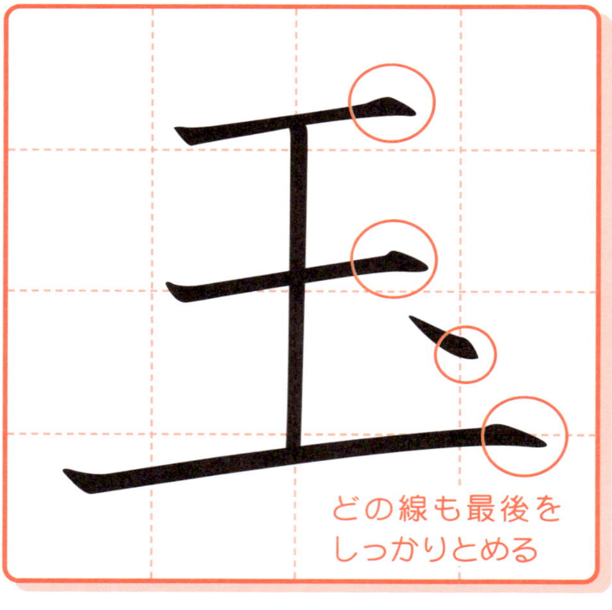
どの線も最後を
しっかりとめる

紙にペンをしっかり
押しつけるように
力を入れてとめよう

ルール５では、字のとめる所をしっかりとめて書く練習をしていきます。

点や書き終わりなど、とめる所をしっかりとめないと、雑でまとまりのない字になり、いままでのルールで習った分が最後でだいなしになってしまいます。

手だけで書こうとしてもうまく書けないので、小指の方向にうでを引くイメージでとめるときれいな点が書けます。一緒に練習していきましょう。

書いてみよう

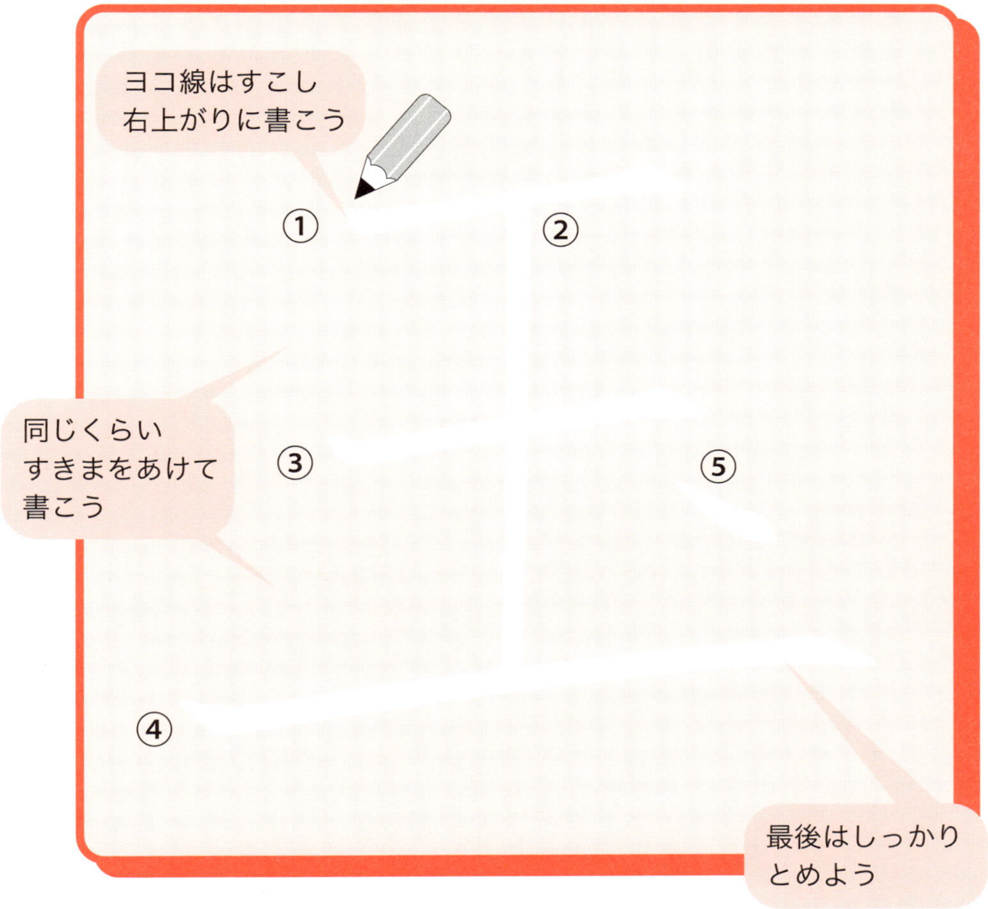

ヨコ線はすこし
右上がりに書こう
①
②
同じくらい
すきまをあけて
書こう
③
⑤
④
最後はしっかり
とめよう

なんだかヘン…良くないのはどこ？

答えは次のページ→

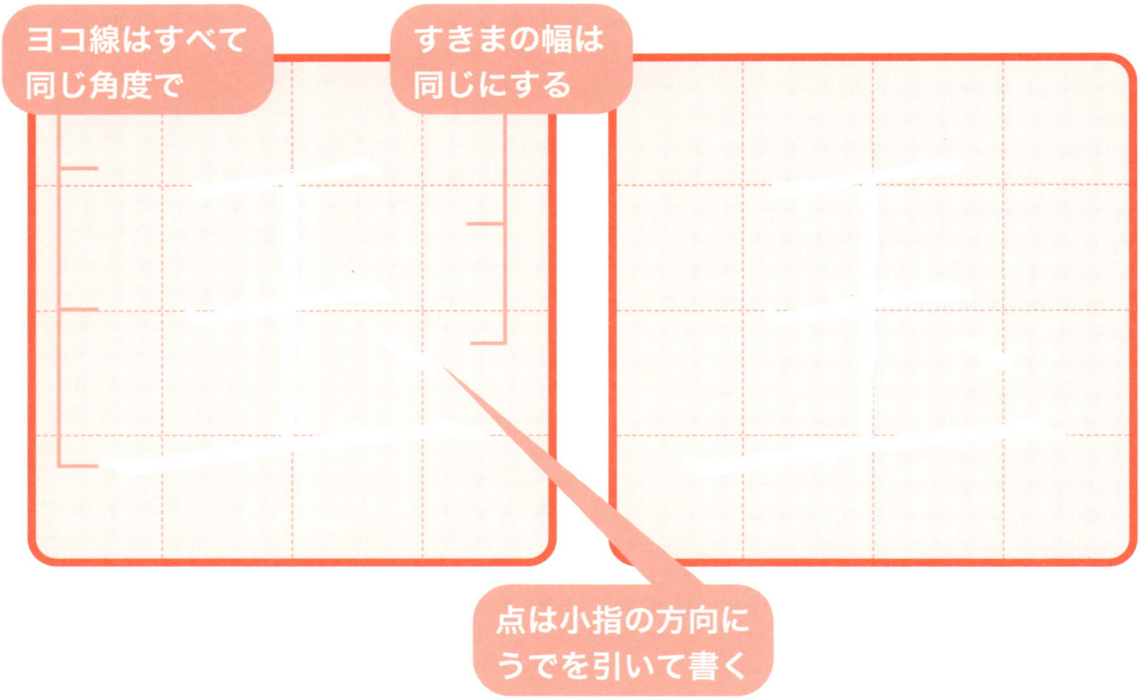
ヨコ線はすべて同じ角度で
すきまの幅は同じにする
点は小指の方向にうでを引いて書く

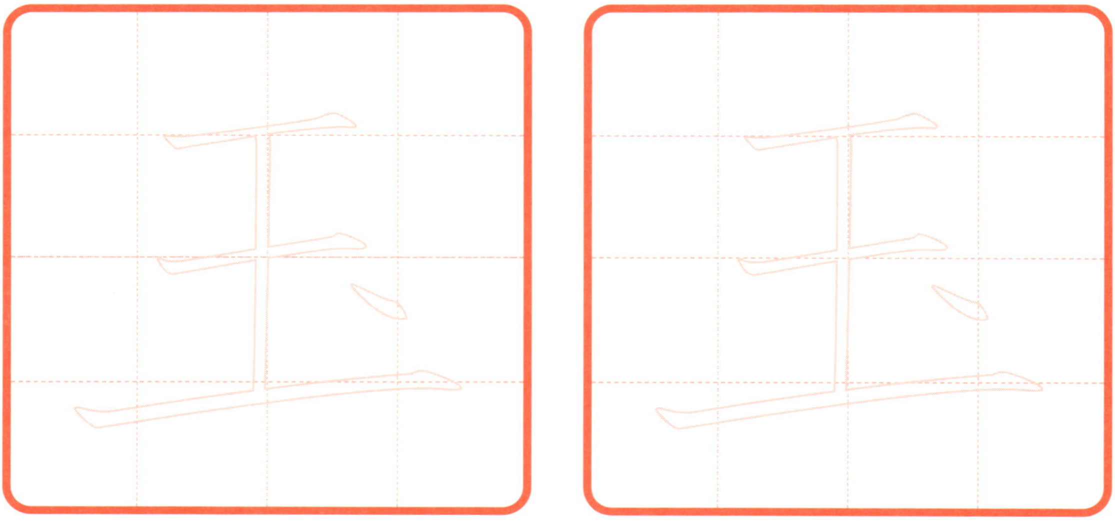

前のページの字、ここが良くない

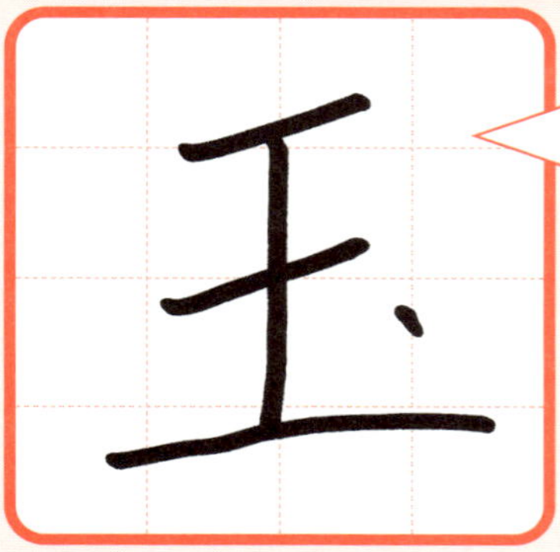

点のところのとめが小さいので、字のバランスが悪い。しっかりとめると全体がおちつく。

書き終わりをしっかりとめていないので雑に見える。あわてず、おちついて最後までとめよう。

「玉」をたくさん書いてみよう

いろんな字を書いてみよう

圭　国　芸

圭　国　芸

☆ポイント☆

書き出しから最後までしっかり
力を入れて点を書きます。
点を小指の方向にしっかり書くことで、すこし右上がり
に書いたヨコ線とのバランスがよくなります。

とめの方向をまちがえないように書こう

いろんな字を書いてみよう

母	活	無
母	活	無

……まとめ……

力を入れて、どの方向にとめるのかを意識して書こう

きれいな字のルール⑥

このルールでマスターできるのは…
「の」
あ・ぬ など

丸い字は特に丸く書こう

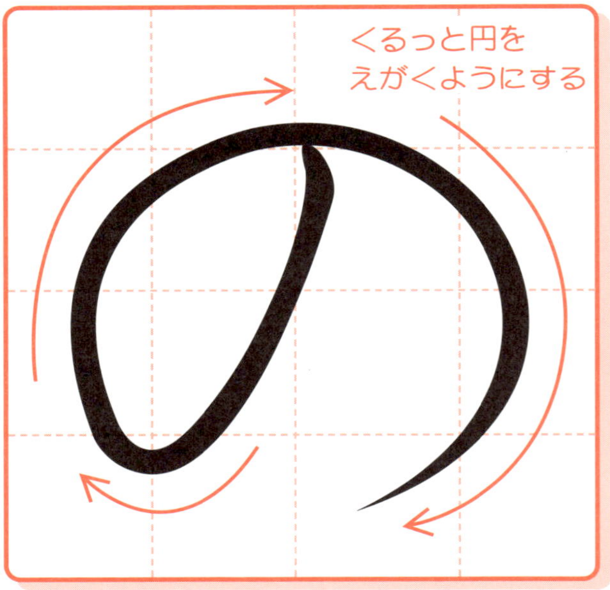
くるっと円を
えがくようにする

うで全体で書くと
丸くてきれいな
ひらがなが書けるよ

ルール６ではひらがなをきれいに書く練習をします。

ひらがなをよく見てみると、丸い円をえがく形が多いですね。丸いところは特に丸く書くと字に勢いが出ます。ただし、全部丸く書いてしまうとバランスの悪いくせ字になるので、ヨコ線、タテ線、はね、はらい、とめは今までのルール通りに書きましょう。手だけで丸く書くのはむずかしいです。うで全体を動かして丸く書く練習をしていきましょう。

書いてみよう

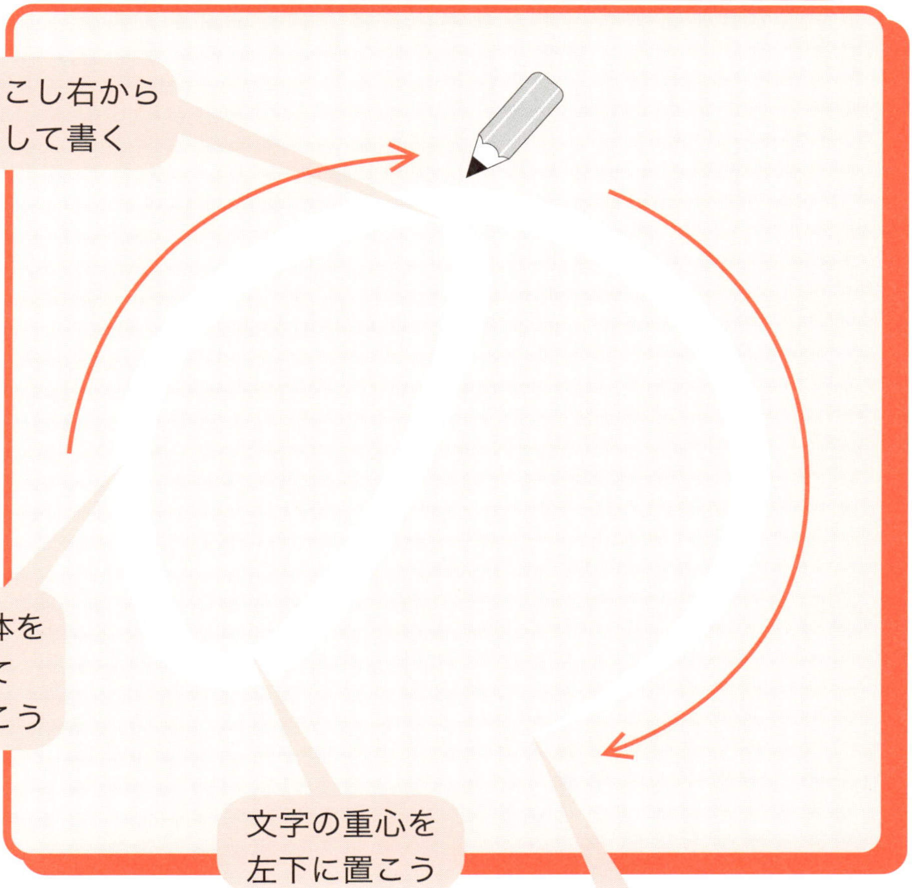

中心よりすこし右から
一気に下ろして書く
うで全体を
つかって
丸く書こう
文字の重心を
左下に置こう
大きな丸を書いたら
おおげさにはらおう

なんだかヘン…良くないのはどこ？

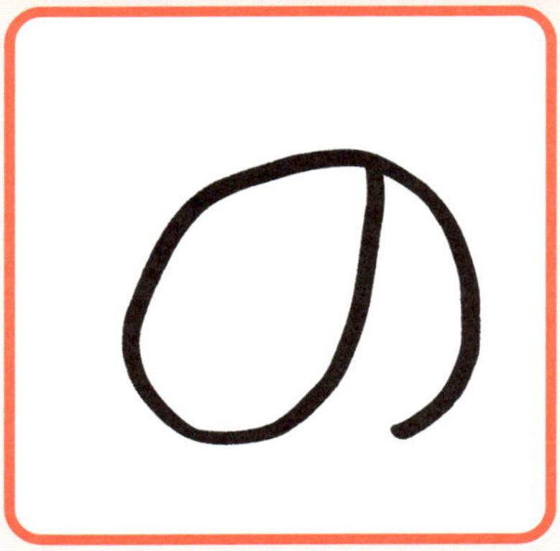

答えは次のページ→

はじに寄ると
字のバランスが悪くなる

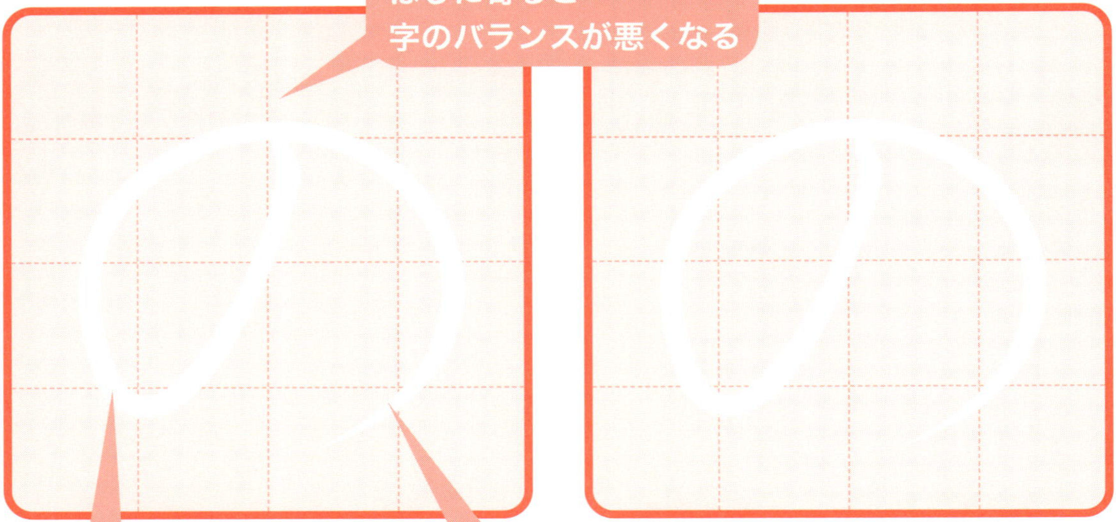

すこし丸すぎるかな？
くらいがちょうどいい

大きくうで全体で
はらおう

前のページの字、ここが良くない

左の丸のほうが大きすぎて、バランスが悪くなっている。左と右のバランスを考えて書こう。

丸みがない字になっている。うでを使わず手だけで書くとこうなってしまいがち。

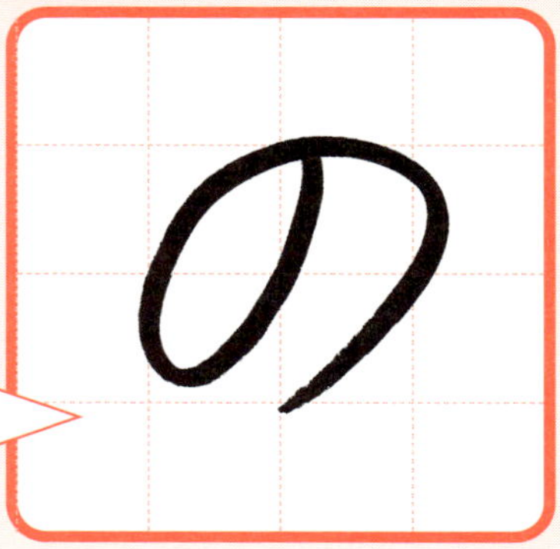

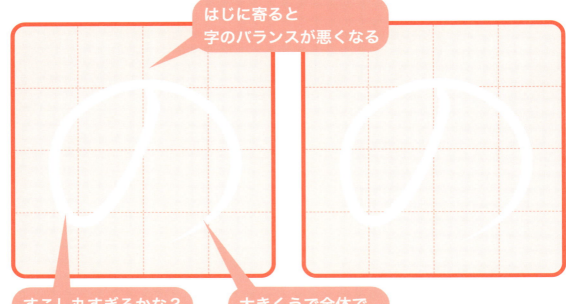

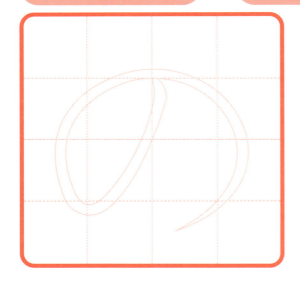

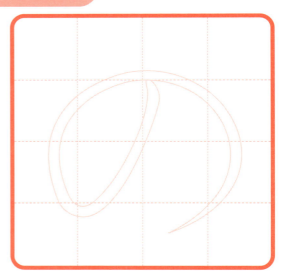

「の」をたくさん書いてみよう

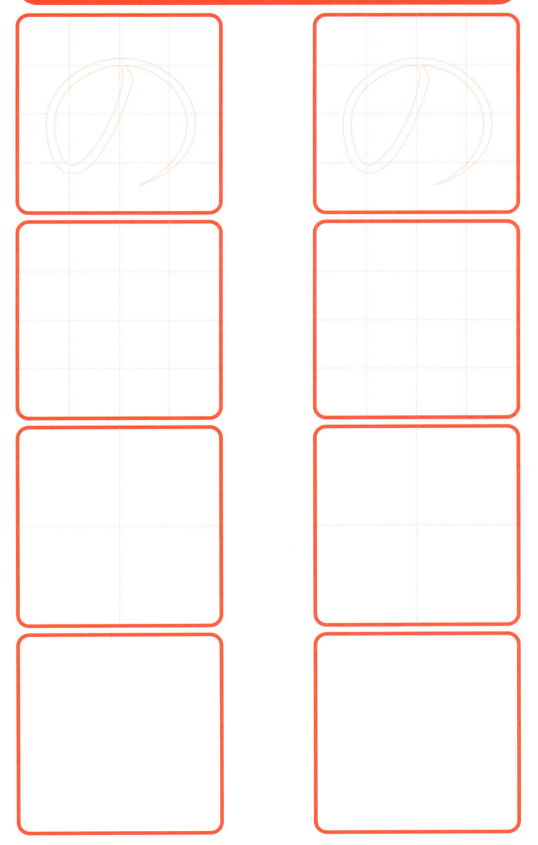

いろんな字を書いてみよう

う	ひ	す
う	ひ	す

☆**ポイント**☆

文字の重心を右下に置くときれいに書けます

何度か練習して文字を丸く書けるようになったら、今度は字の右側を特に丸く書いてみましょう。左側を小さな丸、右側を大きな丸にすることで字がきれいに見えます。

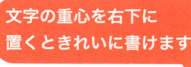

いろんな字を書いてみよう

お	あ	ぬ
お	あ	ぬ

……まとめ……

うで全体を使って、丸い字は
とくに丸く書こう

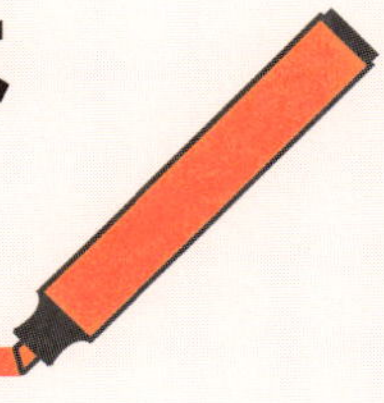

きれいな字のルール⑦

真ん中にクシをさしたように書こう

このルールでマスターできるのは…

「事」

未・堂など

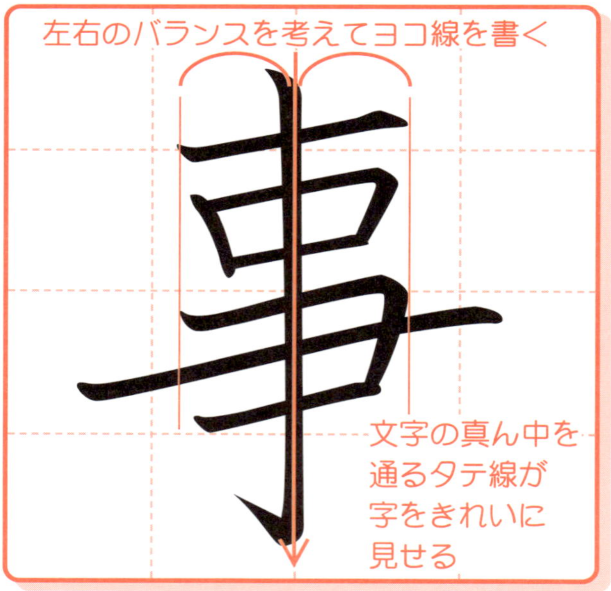
左右のバランスを考えてヨコ線を書く
文字の真ん中を通るタテ線が字をきれいに見せる

ルール２で習ったタテ線を、文字全体の中心にくるように書く練習です

真ん中にタテ線がある文字を上手に書くためには、文字の中心にクシをさすようなイメージでタテ線を書くことが大事です。

そのためには、ヨコ線を書く時に左右のバランスに気をつけて、どちらかにかたよらないようにしましょう。そして、ルール２で練習したように、まっすぐの線を中心に下ろして、文字をまとめます。文字のちょうど真ん中にタテ線を書くようにしましょう。そうすれば、きれいな文字になります。

書いてみよう

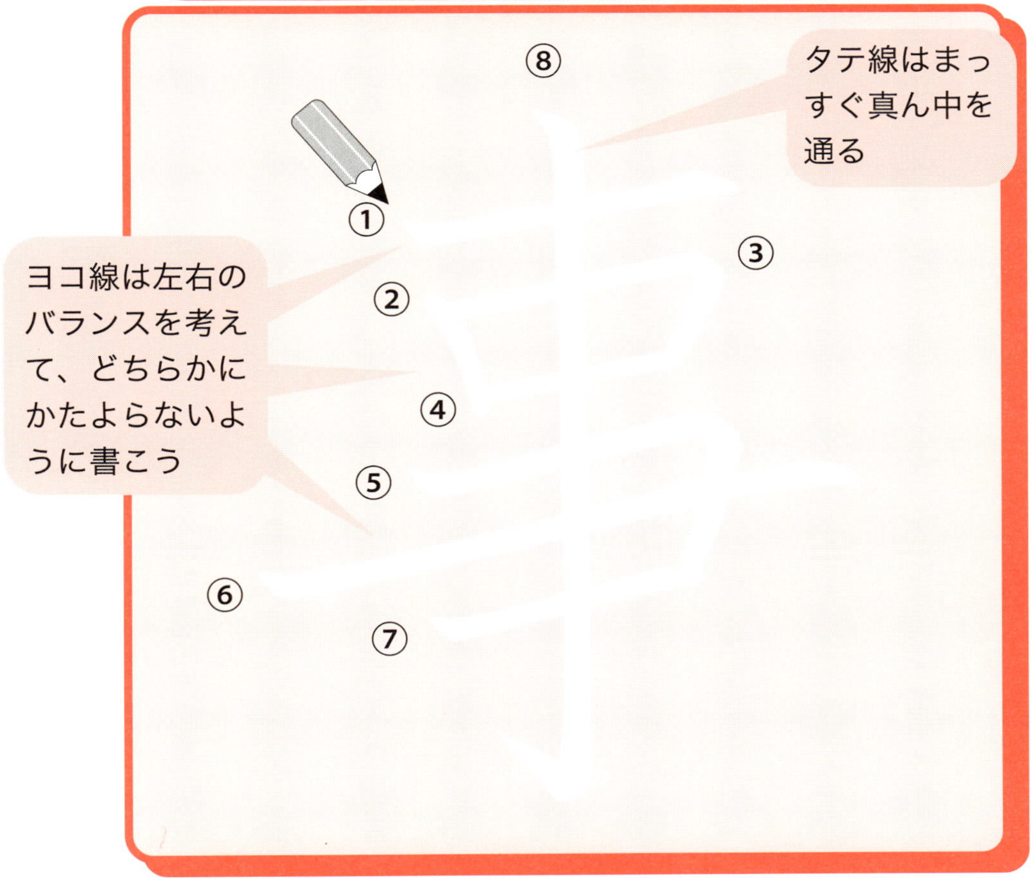
⑧
タテ線はまっすぐ真ん中を通る
①
③
ヨコ線は左右のバランスを考えて、どちらかにかたよらないように書こう
②
④
⑤
⑥
⑦

なんだかヘン…良くないのはどこ？

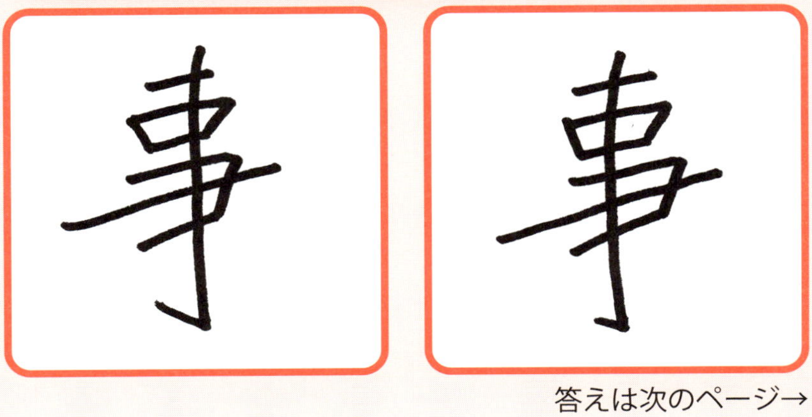

答えは次のページ→

ルール⑦ 真ん中にクシをさしたように書こう

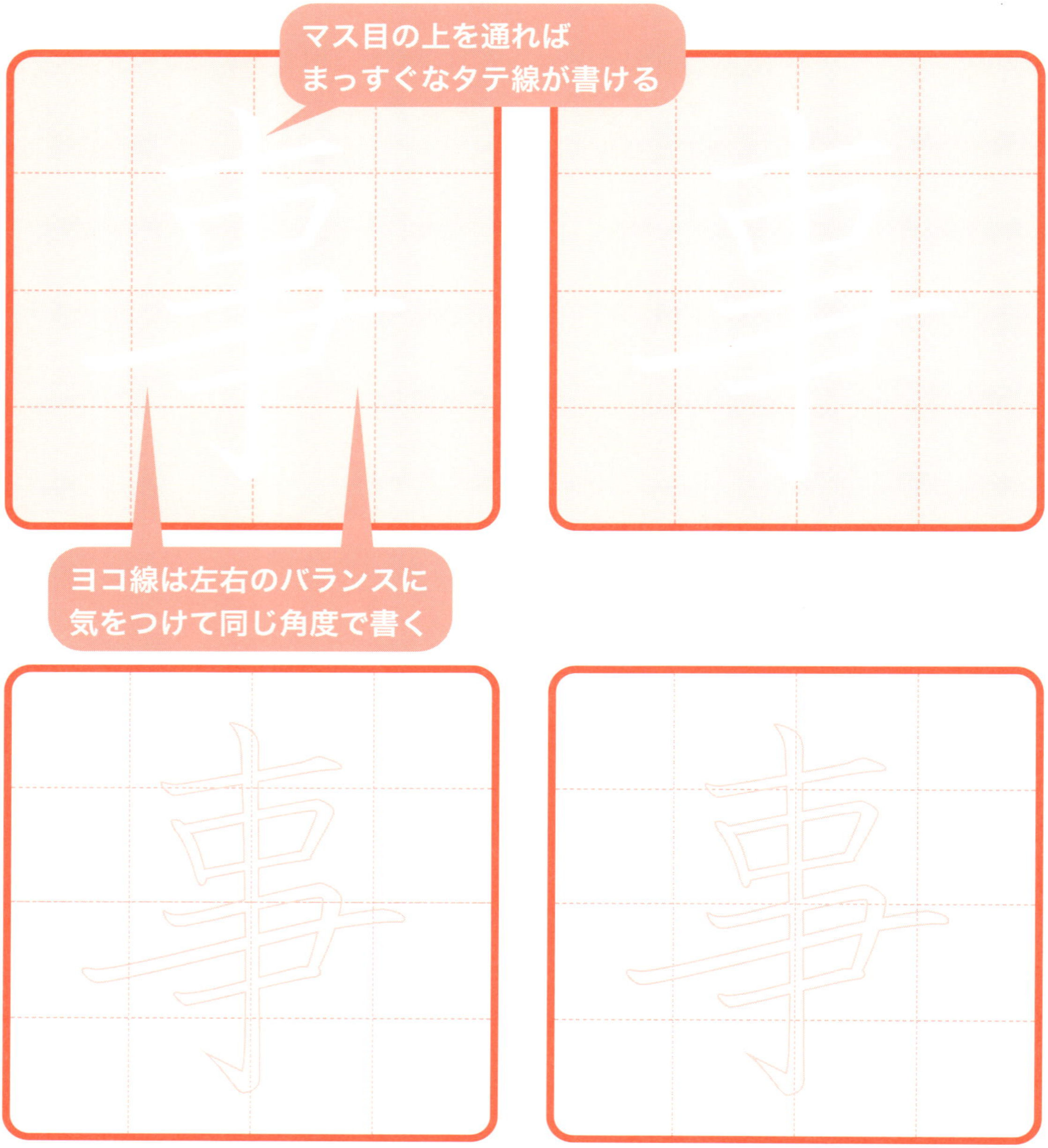
マス目の上を通れば
まっすぐなタテ線が書ける
ヨコ線は左右のバランスに
気をつけて同じ角度で書く

前のページの字、ここが良くない

ヨコ線が左にかたよっていて、真ん中のタテ線が中心になっていない。ヨコ線も中心を考えて書こう。

タテ線がそっている。力を入れすぎると線はそってしまうので、マス目にそって力をぬいて書こう。

「事」をたくさん書いてみよう

ルール⑦　真ん中にクシをさしたように書こう

いろんな字を書いてみよう

未	申	堂
未	申	堂

☆**ポイント**☆

文字の中心に気をつけて字を書くのはむずかしいので、はじめは手本の真ん中の線をめじるしにして、中心にクシをさすイメージで書いてみましょう。

ここまでがんばれば、字が見ちがえるようにきれいになるよ！

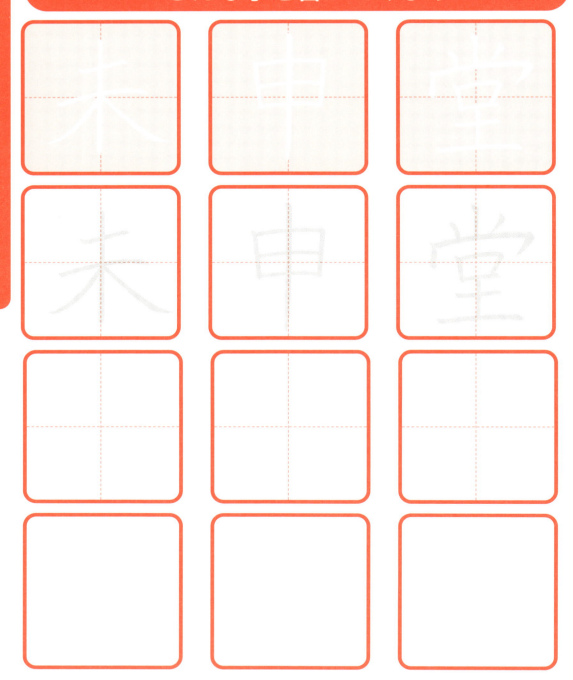

いろんな字を書いてみよう

※文字の中心にタテ線がない時も、真ん中に注意して書いてください。

華	帯	学
華	帯	学

……まとめ……

字の真ん中に一本長いクシを
さすイメージで書こう

きれいな文字のルールまとめ

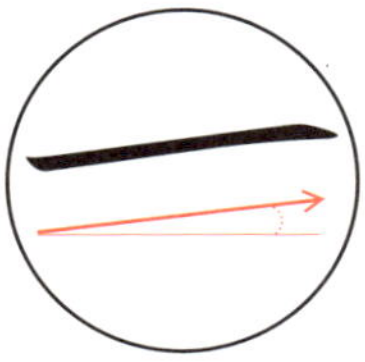

【ルール１】
ヨコ線は右上がりに書こう

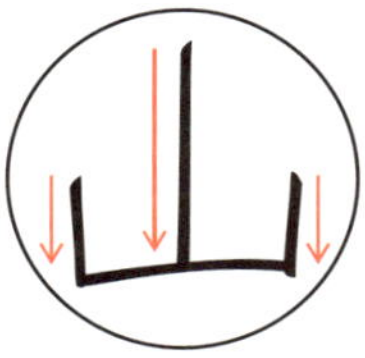

【ルール２】
タテ線はまっすぐにおろして書こう

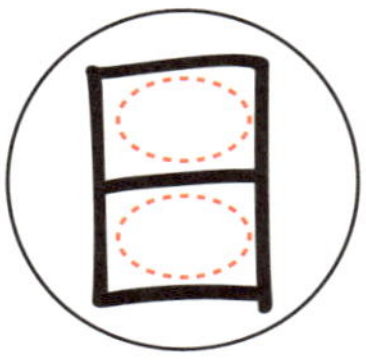

【ルール３】
同じくらいすきまをあけて書こう

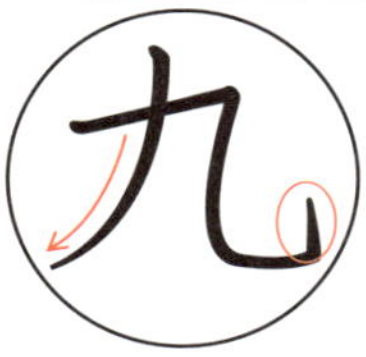

【ルール４】
はね・はらいは大げさに書こう

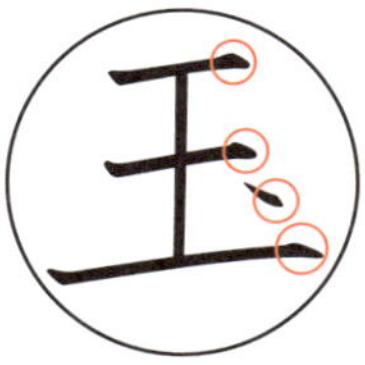

【ルール５】
とめる所はしっかりとめて書こう

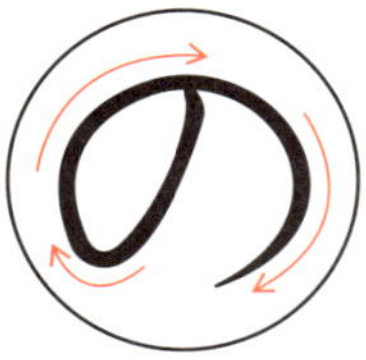

【ルール６】
丸い字は特に丸く書こう

【ルール７】
真ん中にクシをさしたように書こう

きれいな文章を書く練習をしよう

ここからは、７つのルールを使って文章を書いていきます。文章ではたくさんの文字が並んでいますが、ひとつひとつの文字をルールの通りに書いて、真ん中にクシをさすようにすれば、読みやすいきれいな文章を書けるようになります。いろんな例文を書いて、練習していきましょう。

きれいな文章のコツ

文章も真ん中にクシをさしたように書こう

学問のすすめ

一事が万事

ルール１から７までの仕上げです。ここまで練習したことをすべて使って書いていきましょう

７つのルールをマスターすればきれいな字が書けるようになりますが、ひとつひとつの字がきれいでも、バラバラに書いてしまったら全体的にはきれいに見えません。そこで、ひとつひとつの字の真ん中にクシをさしたように書いてみてください。すべての字が一列にそろってきれいな文章に見えます。

良い例と悪い例

良い例

一事が万事

真ん中の線が文字の中心にくるようにする

ひらがなをすこし小さく書くときれいに見える

悪い例

一事が万事

一文字でも真ん中を外れるとガタガタの文章になる

まっすぐな文を書いてみよう

一事が万事

まっすぐな文を書いてみよう

学問のすすめ

まっすぐな文を書いてみよう

となりの客は
よく柿食う客だ

まっすぐな文を書いてみよう

点と点をつなぐと
線になる

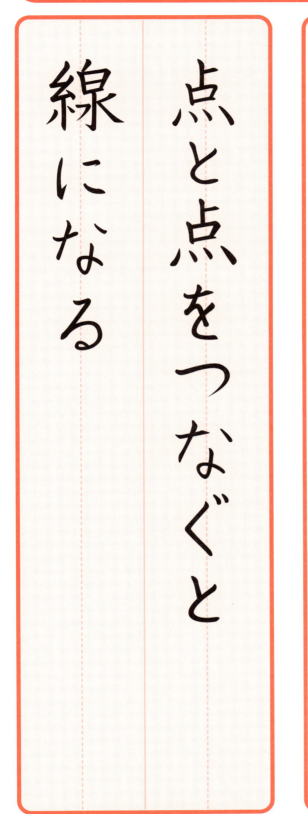

名俳句を書いてみよう

夏山や一足づつに海見ゆる

俳人・小林一茶（こばやしいっさ）作

菜の花や月は東に日は西に

俳人・与謝蕪村（よさぶそん）作

名俳句を書いてみよう

うまそうな雪がふうわりふわりかな

小林一茶作

栗のつや落ちしばかりの光なる

俳人・室生犀星（むろうさいせい）作

名文を書いてみよう

「天は人の上に人を造らず人の下に人を造らず」と言えり。

福沢諭吉（ふくざわゆきち）『学問のすすめ』より

名文を書いてみよう

吾輩は猫である。名前はまだない。
どこで生まれたかとんと見当がつかぬ。

夏目漱石（なつめそうせき）『吾輩（わがはい）は猫（ねこ）である』より

名詩を書いてみよう

学校へきたら
たった一人であった
机たたいたら
教室一ぱいひびいた

詩人・海達公子（かいたつきみこ）作

名詩を書いてみよう

名文を書いてみよう

日没までには、まだ間がある。私を、待っている人があるのだ。少しも疑わず、静かに期待してくれている人があるのだ。私は、信じられている。私の命なぞは、問題ではない。死んでお詫び、などと気のいい事は言って居られぬ。私は、信頼に報いなければならぬ。いまはただその一事だ。走れ！メロス。

太宰治（だざいおさむ）『走れメロス』より

名文を書いてみよう

【著者】

高田由紀子（たかだ・ゆきこ）

書家。兵庫県生まれ。
文字の独自性を生かしたアート作品を制作し、東京を拠点として国内やフランスで展示活動をしている。また、きちんと書く文字、古典書道、学校でノートに書く文字などいろいろな文字の形の研究もしている。
「字は体を表す」ということわざのように、普段書いた文字できちんと自分らしさを表現できる１冊をつくることができればと思っている。
ウェブサイト　http://www.takadayuki.com

［新装版］１週間でみるみるうまくなる！
子どもの文字練習帳

2025年3月21日　第一刷

著　者　高田由紀子

発行人　山田有司

発行所　株式会社　彩図社
東京都豊島区南大塚 3-24-4
MT ビル　〒 170-0005
TEL：03-5985-8213　FAX：03-5985-8224

印刷所　シナノ印刷株式会社

URL：https://www.saiz.co.jp
https://x.com/saiz_sha

© 2025.Yukiko Takada Printed in Japan.

ISBN978-4-8013-0764-3 C0037

落丁・乱丁本は小社宛にお送りください。送料小社負担にて、お取り替えいたします。
定価はカバーに表示してあります。
本書の無断複写は著作権上での例外を除き、禁じられています。

カバー人物：iStock.com/ankomando　カバー他・本文イラスト：Freepik より